DICTIONNAIRE MUSICO-HUMORISTIQUE

PAR LE DOCTEUR

ALDO

Membre de la *Fourchette harmonique* et de plusieurs autres Sociétés savantes

PRÉCÉDÉ D'UN AVERTISSEMENT

PAR

ALEXIS AZEVEDO

PRIX : 50 CENTIMES

PARIS

E. GÉRARD ET Cie, ÉDITEURS DE MUSIQUE,
BOULEVARD DES CAPUCINES, 12, MAISON DU GRAND HOTEL
Succursale rue Dauphine, 18.

1870

DICTIONNAIRE

MUSICO-HUMORISTIQUE

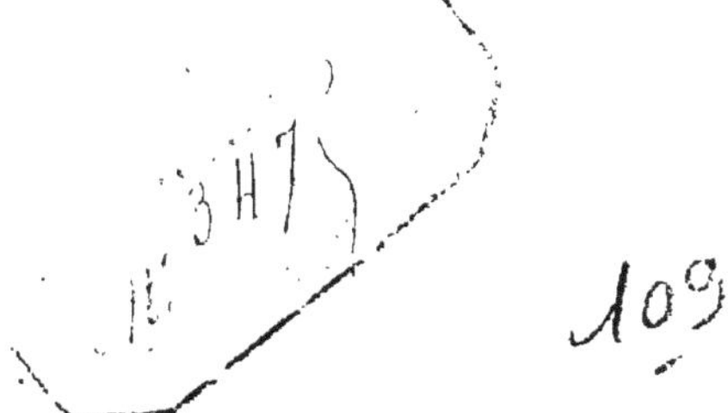

PARIS. — IMPRIMERIE MORRIS PÈRE ET FILS
64, RUE AMELOT

DICTIONNAIRE

MUSICO-HUMORISTIQUE

PAR LE DOCTEUR

ALDO

Membre de la *Fourchette harmonique* et de plusieurs autres Sociétés savantes

PRÉCÉDÉ D'UN AVERTISSEMENT

PAR

ALEXIS AZEVEDO

PARIS

E. GÉRARD ET Cie, ÉDITEURS DE MUSIQUE,

BOULEVARD DES CAPUCINES, 12, MAISON DU GRAND HOTEL

Succursale rue Dauphine, 18.

1870

AU LECTEUR

Lorsque mon tant bon ami le docteur Aldo s'embarqua pour aller répandre la civilisation musicale dans l'extrême Orient, il me laissa le manuscrit de ce petit ouvrage, et me chargea de le publier, dès que j'apprendrais l'arrivée de l'auteur à sa lointaine destination.

— Il faudra, me dit le malin docteur, que les gens dont je prends la liberté de rire aient le bras bien long pour m'atteindre là où je vais.

Pouvais-je refuser un aussi léger service à un confrère qui était l'une des meilleures dents de cette joyeuse *fourchette harmonique,* dont les dîners mensuels brillaient bien plus par l'esprit des convives que par les mets recherchés et les vins choisis, et où très-certainement ce qui sortait de la bouche de ces hardis causeurs valait cent fois mieux que ce qu'ils y faisaient entrer, toutes les fois du moins que le très-humble gribouilleur de ces lignes

Imitait de Conrard le silence prudent.

Non, je ne pouvais lui refuser ce léger service. Aussi fis-je paraître son *Dictionnaire Musico-Humoristique* dans *l'Art Musical,* dès que j'appris l'arrivée du malicieux et facétieux docteur au but de son voyage. Certaines de ses définitions furent approuvées, d'autres furent critiquées. En ami dévoué, je pris note exacte des éloges et des critiques, et j'envoyai le tout à l'auteur, en l'engageant, selon le conseil de Voltaire, à revoir son ouvrage avec des yeux frais, et à tenir grand compte des observations que je lui transmettais.

Et comme Aldo est, malgré les apparences, l'homme le plus docile et le docteur le plus traitable des deux hémisphères, il remania son *Dictionnaire* et me le renvoya par le paquebot, en me priant de le faire publier sous forme de livre, ou, pour mieux dire, de livret, et d'y ajouter un petit avertissement de ma façon. J'obéis à l'excellent docteur, mais, en fait d'avertissement, je n'ai qu'un simple mot à dire :

— Regardez-y à deux fois, magnanime lecteur, avant de repousser ou de dédaigner certaines définitions du sage, facétieux et véridique Aldo. Bien souvent « les petits hanicrochementz y sont cachez soubz le pot aux roses, » comme dit son maître Rabelais, et quiconque ne saura pas casser l'os sera privé de la substantifique moelle.

ALEXIS AZEVEDO.

Paris, Mars 1870.

DICTIONNAIRE MUSICO-HUMORISTIQUE

A

Académie Impériale de Musique. — Théâtre solennel consacré, par les contribuables français, à la gloire des compositeurs étrangers.

Accent. — L'âme du chant, de la prononciation, de l'expression.

Au théâtre, au concert, que de corps sans âme !

Accidents. — C'en est un bien désagréable d'entendre de la musique où il y en a trop.

Accompagnateur. — La béquille du chanteur.

Accompagnement. — Jadis le char de triomphe, aujourd'hui la voiture cellulaire du chant.

Accordéon. — Un soufflet qui serait peut-être fort agréable s'il voulait bien n'exécuter que des pauses.

Accordeur. — Ce juge de paix des sons est fort sujet aux quintes.

Accord parfait. — Trois sons émanés d'un seul, et qui, à eux trois, donnent la sensation d'un seul.

Une trinité — sans mystère.

Accords. — Mariages de sons.

Plus d'accords dissonants que de consonnants.

O analogie !

Acoustique. — Science des sons et des bruits, dont la première moitié suffisait jadis à la musique, et dont le total lui suffit à peine aujourd'hui.

Agent dramatique. — Un négrier — qui s'est trompé de couleur.

Air. — Voilà ce que sont contraints d'éluder un tas de compositeurs sans souffle dans leurs opéras pneumatiques.

Altération. — Ce qui fait sortir une note de son état naturel et laisse beaucoup de musiciens dans le leur.

Amateur. — Le sigisbé de la musique.

Applaudissement. — Battement de mains, qui loue, — et qu'on vend.

Archet. — Un frotteur mélodieux, qui travaille toujours à notable distance du plancher.

Arpége. — Accord servi tout dépecé.

Audition. — Fallacieuse petite cérémonie où les directeurs font chanter les artistes qu'ils ne veulent pas écouter.

Avenir (musique de l'). — Sera-t-elle solvable à l'échéance?

B

Baignoire. — Loge où, dans les théâtres à musique, on prend des bains de son.

Ballet. — La symphonie de la chair.

Barcarolle. — *Marine* musicale. — La mélodie qui vogue, le rhythme qui rame.

Baryton. — Un ténor qui n'a pu monter en graine — et qui en est bien fâché.

Basse (partie de). — La cave de l'édifice musical, d'où l'on peut tirer les vins les plus exquis ou la plus abominable piquette.

Cela dépend du sommelier.

Basson. —

Pourceaugnac aurait fui, devant un matassin
Tout prêt à lui plonger un basson dans le sein.

Bastringue. — Bal de bas étage, dont les manières, l'argot et les danses ont, depuis quelques années, fait un fier chemin dans *le monde.*

Bécarre. — Oh! comme il en faudrait dans la vie, puisque le bécarre détruit l'effet de tous les accidents!

Berceuse. — La barcarolle des bébés.

Bouffe (genre).

Le Bouffe Italien fait rire, le Bouffe Parisien fait *rigoler*. Choisissez, Béotiens de la nouvelle Athènes.

Bouquets jetés sur la scène en signe d'enthousiasme.

Pourquoi faut-il qu'il y ait toujours quelque provenance du *parterre* dans les ovations de commande?

Brailler. — Fredonner à la mode d'aujourd'hui.

BRODERIES. — Ornements qui enlaidissent presque toujours l'étoffe du compositeur.

BRUIT. — La sonorité moderne.

C

CABALE.—Science occulte chez les Hébreux, mais parfaitement ostensible chez les Français.

CABALETTE. — *Petite cabale* de notes brillantes pour enlever les applaudissements de la fin. Quelque chose comme la claque de l'art du chant.

CABOTIN. — L'envers d'un artiste : un reptile gonflé de vanité, d'envie et de sottise, — qui rampe devant la rampe.

CACHETS. — Gibier d'une chasse perpétuelle, où les braconniers ont d'autant plus beau jeu que le garde champêtre n'a pas le droit de leur faire exhiber un port d'armes.

CACOPHONIE. — Voyez *Musique de l'avenir.*

CADENCE PARFAITE. — Remplacée, dans la *Musique de l'avenir*, par la *décadence parfaite.*

CAFÉ-CONCERT. — Débit de musique culotée.

CANCAN. —

Pour *le* danser, il faut ne pas *les* craindre.

CANON. — Pièce de contre-point qu'affectionnent particulièrement les chantres.

CANTATE. — Billet d'une loterie où ceux qui gagnent vont le dire à Rome.

CANTATRICE.—Un rossignol, une *étoile*, une divinité, l'objet de tous les dithyrambes, le but de tous les encensoirs, de tous les bouquets, de toutes les couronnes, qui doit uniquement ce qu'elle est à la musique, et qui, d'habitude, paye la musique de retour en ne la sachant guère, ou même en ne la sachant pas du tout.

Joli petit marché pour la musique.

CANTIQUE. — La prière du nez.

CARILLON. — Oh ! comme ça cloche !

CASCADES. — Devraient valoir à ceux qui les font des chutes aussi profondes que celles du Niagara.

CASINO. — Salle de concert où l'on est plus attiré par les *blanches* que par les *soupirs*.

CASTAGNETTES. — Du rhythme plein les mains.

CASTRATS. — On n'en fait plus, pour le chant du moins, — mais pour la composition...

CAVATINE. — Air sans reprises, qui nous console parfois des reprises d'un tas d'opéras où l'on ne trouve pas du tout d'airs.

CHANSON (la). — Tempérait l'ancienne monarchie française; ne tempère plus rien du tout aujourd'hui, faute de tempérament.

Chant. — Vieux préjugé dont on est bien revenu, allez!

Chanter.—C'est en français, recevoir beaucoup d'argent pour crier, et, en argot, en donner beaucoup pour empêcher de crier.

Chanteur. — Un débiteur qui n'est pas toujours disposé à régler ses notes.

Chantre. — Un gaillard qui tour à tour reçoit et donne de l'argent pour entonner.

Chapeau chinois. — Utile supplément aux casse-têtes de même provenance.

Charivari. —

Lèchefrites, chaudrons, vous formez ce concert
Qui fait souvent rêver aux chants du *Tannhœuser*.

Chef de claque. — Honnête industriel qui, afin d'inspirer au public de l'*intérêt* pour les artistes,leur prend du *capital*.

Chef d'orchestre. — Celui qui bat ou que bat la mesure.

Chef-d'œuvre. — Dans beaucoup de prétendus chefs-d'œuvre, je ne trouve pas *d'œuvre* du tout, et en fait de *chef*, je ne réussis à voir que le chef de claque.

Chevrotement.—Un bien mauvais exemple que les chanteurs donnent aux chèvres.

Chœur. — Toutes les voix ensemble, et pas souvent de l'ensemble.

Chorégraphie. — Un art qui donne bien de l'occupation aux lorgnettes et bien des loisirs aux feuilles de vignes.

Choriste. — Le plus singulier des pluriels; — huit cents francs d'appointements, moins la retenue des amendes. Du haut de cette liste civile, il partage avec les plus puissants monarques de la terre le privilége de parler de lui-même à la première personne du pluriel :

Nous avons su braver...

Guillaume Tell.

Allons, marchons, cheminons, chantons !

Le Désert.

Nous le jurons !

Les Huguenots.

C'est très-flatteur pour lui, mais quelques beefsteaks feraient bien mieux son affaire.

CHUT ! — Le sifflet de la décadence.

CLAQUE. — Honnête invention de Néron, que les Parisiens du dix-neuvième siècle ont tenu à honneur de perfectionner.

Ils y ont réussi.

C'est leur gloire.

Et le monde entier, respectant leurs droits, leur en a laissé la jouissance exclusive.

C'est leur récompense.

Ils la méritaient bien.

CLARINETTE. — Un bec qui se joint à un nez.

CLAVIER. — L'hippodrome des doigts.

Clef. — La marraine des notes.

Cocottes. — Le demi-monde de l'art du chant.

Comma. — Le plus petit et le plus dur des intervalles. Je le discerne, mais je n'ai jamais pu réussir à l'apprécier.

Compositeur. — Ne pas confondre avec typographe, puisque l'un dispose toujours des caractères, tandis que l'autre indispose parfois des tympans.

Concert. — L'opposé de la Banque de France, car on met à rechercher les billets de l'une autant de soin qu'à éviter ceux de l'autre.

Concerto. — Corde roide où les acrobates de la virtuosité perpètrent leurs exercices — avec ou sans balancier.

Concours. — Tombola où les enjeux les plus valables ne font pas toujours obtenir des lots.

Conservatoire. — Un établissement qui, s'il ne conserve pas autre chose, conserve au moins ses directeurs.

Le premier est mort à quatre-vingt-seize ans.

Le second à quatre-vingts ans.

Le troisième, qui a usé quatre-vingt-huit calendriers, compose encore des opéras.

Nota bene. — Le Conservatoire ne conserve pas aussi bien les voix.

Consonnance.—Condamnée à l'ostracisme, comme Aristide le *Juste*, par certains Athéniens, qui n'ont pas dû chercher bien loin des coquilles d'huître.

Contralto. — Ni homme ni femme, — mais trop souvent Auvergnat.

Contre-basse. — Grand coffre vide d'où Bottesini tire des trésors.

Contredanse. — Danse on carré, qu'on ne peut égayer si l'on n'est extrêmement *rond*.

Contre-sens. — On en peut trouver parfois dans les bons ouvrages, mais jamais dans les élucubrations de certains compositeurs à systèmes, où les notes n'ont de sens dans aucun sens.

Contre-point. Vieille machine scolastique à tricoter des notes sans inspiration.

La *Musique de l'avenir* — du passé.

Copiste. — Le secrétaire, et parfois le modèle du compositeur.

Cor. — Plein de détours et capable de prendre tous les tons. Où les intrigants pourraient-ils trouver un plus parfait modèle ?

Cornemuse. — Un sac à son.

Cornet. — Petit cor très-dur. — Ne pas confondre avec durillon.

Cornet a pistons. — Une trompette qui gagne du chromatique aux dépens de sa voix.

CORYPHÉÉ. — Chez les anciens, le chef du chœur.

Chez nous, le rebut des rôles.

CОТILLON. — Danse qui finirait un bal si elle consentait à finir elle-même.

COUP DE LANGUE. — Ce qui sépare le mieux les notes — et les amis.

COURONNE. — Témoignage d'admiration qu'une cantatrice se décerne publiquement à elle-même, par le ministère d'une fleuriste et par la main d'une ouvreuse de loges, et qu'elle se prodigue d'autant plus qu'elle est plus *couronnée*.

CRÉCELLE. — Le modèle du trille pour beaucoup de chanteurs.

CRESCENDO — DECRESCENDO. — L'assaut, — la retraite.

CRI. — Éclat de voix poussé avec effort, pour lequel on donne des sommes énormes aux grands chanteurs et le fouet aux petits enfants.

CRITIQUE (la).— Une *gêneuse*. Parlez-moi de la réclame qu'on fait faire comme on veut, qu'on paye, où on lit avec délices sa propre glorification, et à laquelle on finit toujours par croire lorsque, d'aventure, on n'a pas commencé par là.

D

DANSE. — Mouvements réglés qui ne vont pas toujours sans quelques petits déréglements.

DÉCHIFFRER. — « Lire une écriture mauvaise. »

(Tous les dictionnaires.)

Or, on dit toujours : *déchiffrer* de la musique; et, cependant, les musiciens soutiennent *mordicus* que leur écriture est excellente. Qu'ils s'entendent avec les dictionnaires s'ils veulent, et avec le bon sens s'ils peuvent.

Déclamation lyrique. — C'es là, surtout, que le compositeur doit se montrer homme de parole.

Décorations. — Sauvent bien des platitudes, au théâtre, et en font commettre énormément ailleurs.

Demi-ton. — Intervalle ainsi nommé parce qu'il n'est pas la moitié d'un ton.

Détonner. — Disgrâce familière aux chanteurs qui ne s'occupent que d'étonner.

Diapason. — Petit entêté avec lequel les musiciens ne sont pas toujours d'accord.

Dièse. Bémol. — Un ambitieux ! ! ! Un découragé ¡ ¡ ¡

Directeur de théâtre. — Un autocrate qui, malgré sa morgue, n'est jamais aussi délicieusement flatté que quand on lui rend la monnaie de sa pièce.

DISSONANCE. — Un *apéritif* dont les blasés prétendent faire une *nourriture*.

DISTINCTION. — Les gants jaunes de l'art.

DOIGTER. — Ce que, d'habitude, les virtuoses ont de plus touchant.

DOMINANTE. — Oh! le beau nom pour la note qui porte un accord toujours obligé de tomber sur un autre.

DOUBLE CORDE. — Duo sur un seul violon. Quel égoïsme!

DROIT DES PAUVRES. — Aimable moyen fiscal inventé pour faire payer d'avance aux artistes le lit d'hôpital sur lequel la plupart d'entre eux doivent mourir.

DUO. — Morceau où deux voix s'entrelacent et où deux vanités s'entre-déchirent.

E

Écho. — Phénomène acoustique d'un bien mauvais exemple pour les compositeurs sans idees.

Éditeurs de musique. — L'un d'eux, visité par la muse, a fulminé cet anathème contre la Faculté :

Je le dis et je le répète,
Les médecins sont des brouillons,
Car, plus j'avale de *bouillons*,
Plus je me sens à la diète.

Effets. — Ressource extrême des compositeurs et des commerçants qui manquent de capital.

Éloge. — Vin ou piquette dont l'amour-propre est le tonneau des Danaïdes.

Émission de la voix. — Inflige, lorsqu'elle est défectueuse, une prompte démission.

ENTR'ACTES. — Interruption entre deux actes. Le moment le plus agréable de beaucoup d'opéras.

ENHARMONIQUE. — Ce diplomate de la modulation est parvenu, à force de machiavélisme, à faire sanctionner le *faux* par les TRAITÉS.

ÉTOILE du chant. —

STROPHE.

La réclame :

CHŒUR.

Elle scintille
Dans un décor !...

ANTI-STROPHE.

La critique :

SOLO

Tout ce qui brille
N'est pas de l'or.

EUPHONIE. — La caresse des sons.

EXÉCUTION. — Ne pas confondre celle des arrêts de la justice avec celle des arrêts de la justesse. On pourrait parfois s'y tromper.

Expression. — Je n'en trouve pas d'assez force pour exprimer de quelle manière on la maltraite aujourd'hui.

F

Facteur. — Ne ferait rien de bon sans adresse.

Facture. — Règle générale :

Toutes les femmes laides sont bien faites ;

Tous les opéras ennuyeux sont d'une facture remarquable, si l'on en croit du moins un tas de philanthropes qui, neuf cent quatre-vingt-dix-neuf fois sur mille, n'en savent rien du tout.

Fanfare. — Réunion d'instruments de cuivre dont les pompiers se servent avec le plus grand succès pour éteindre le goût de la musique.

Fanfare de chasse. — C'est ça qui trompe.

2

FANTAISIE. — C'en est une bien étrange d'avoir donné ce nom à des ratatouilles musicales toutes coulées dans le même moule de pâté.

FAUX-BOURDON. —

Quoi ! vous bourdonnez faux pour louer le Seigneur!
Les mortels, croyez-moi, fuiraient un tel honneur.

FESTIVAL. — Grand banquet sonore où le veau et la salade de la musique forment un menu qui, tout menu qu'il est, ne saurait passer pour mince.

FEUILLETONISTE. — Un être qu'on salue un peu s'il vous loue, pas du tout s'il vous conseille, et beaucoup s'il vous dit carrément vos quatre vérités.

FIASCO. — Voyez *Troyens*.

FIFRE. — Très-petite flûte qui se siffle elle-même, ce qui est bien juste, car elle est horriblement fausse.

Finale. — Vaste morceau d'ensemble qui, sous prétexte de finir un acte, finit lui-même le moins possible.

Flon-flon. — C'était bon lorsqu'on était gai, — mais à présent, il faut des *cascades*.

Flute. — Un bâton qui roucoule.

Force. — Ce que n'atteindra jamais la violence, que les hauts barons de la *braillardocratie* se le tiennent pour dit.

Forte-piano. — N'a conservé que le seul nom de piano depuis qu'on le joue toujours fort.

Fortissimo. — Cognac qu'on servait jadis à la fin d'un repas musical et qui maintenant est servi dès le début, avec — et peut-être par — les huîtres.

Fugue. — Tyran du moyen âge qui, même par la torture, veut toujours arracher des *réponses* de ses *sujets*.

G

Galop. — Danse qui prouve combien les hommes sont fiers d'imiter les quadrupèdes.

Galoubet. — Flageolet à trois trous où ne soufflent que des Provençaux et qui, par cette raison, a reçu le nom de *flûte à l'ail.*

Gamme. — Échelle où les exécuteurs de la musique trébuchent lorsqu'ils traînent la justesse à la potence.

Gamme chromatique. — L'escalier des petits degrés.

Génie. — « Le gros lot à la loterie de la nature. »

Rossini.

Gout. — Une maladie qui a fini par disparaître, tant on a su lui opposer de drogues.

Grave. — Synonyme de Bas. Eh! eh! ça peut se voir ailleurs qu'en musique.

Graveur. — De quel droit cet usurpateur grave-t-il tant de partitions qui, en bonne règle, ne devraient être gravées que par la petite vérole ?

Grosse caisse. — Le contraire d'une armée, car plus elle est battue, plus elle est victorieuse.

Demandez plutôt à Bilboquet !

H

Harmonica. — Des verres qui ne me plongent pas dans l'ivresse.

Harmonie. — Science des accords, au sujet de laquelle les doctes sont perpétuellement en désaccord.

Harmoniste. — Des accords, toujours des accords, rien que des accords, parce que le don de la mélodie ne lui a pas été accordé.

Harmonium. — Un accordéon prétentieux.

HARPE. — Oh! l'admirable instrument s'il voulait s'abstenir d'imiter le piano.

HARPE ÉOLIENNE. — La rêverie de l'oreille.

HAUTBOIS. — Par son caractère champêtre, il est le paysage de l'orchestre.

HISTOIRE DE LA MUSIQUE. — Une mare peuplée par M. Fétis d'un nombre infini de *canards*.

HURLEMENT. —Un imbécile qui végète sous ce vilain nom, alors qu'il lui serait si facile et si lucratif de se faire passer pour un *ut* dièse.

HYMNE. — Nom masculin partout ailleurs, mais féminin à l'église, probablement pour ne pas chagriner les virtuoses de la chapelle Sixtine.

I

IDÉAL. — Le contre-poison du réel.

Imagination. — Oui, oui! ce n'est que la folle du logis, mais sans elle la musique devient idiote.

Immortalité. — Secours viager que la réclame distribue philanthropiquement à un tas de partitions et de compositeurs mort-nés.

Impartial. — Ce qu'est infailliblement tout feuilletoniste qui vous loue.

Impresario. — Entrepreneur qui se trouve lui-même bien souvent entrepris.

Improviser. — Quel prodige de mémoire!

Indéfini. — Ce qui, trop prodigué dans la musique, fait naître des bâillements infinis.

Inouï. — Ce qu'on dit, au figuré, du succès de certaines œuvres, et ce que je voudrais bien pouvoir dire, au propre, de ces œuvres elles-mêmes.

Inspiration. — Jud la cherche.

— On cherche Jud.

Instrumentation. — L'art de combiner des voix artificielles au plus grand préjudice des voix naturelles.

Instrumentiste. — Un joueur qui ne tient pas énormément à faire sa partie.

Instruments. — Le triomphe de la musique à la mécanique.

Intérêt. — Ce qui touche, et non ce qui est touché, tant la musique diffère de la finance, bien qu'elle soit sur le point de tomber en faillite.

Interprète. —

Traduttore, traditore.

Intervalles. — Les étages de l'édifice musical. Pour apprendre à les trouver, bien des maîtres de solfége traduisent la célèbre formule : « Parlez au concierge ! » par celle-ci : « Parlez au clavier ! »

Et ils appellent cela une méthode.

Merci !

Intrigue. — Il en faut un peu dans les pièces;

Beaucoup pour faire jouer les pièces;

Énormément pour que les pièces rapportent des pièces.

Invention. — Le chien de Jean de Nivelle, qui fuit lorsqu'on l'appelle.

Irradiation. — « Ce qui fait paraître les astres plus grands qu'ils ne sont.

» La réclame des étoiles du ciel, comme la réclame est l'irradiation des *étoiles* du théâtre. »

(Extrait de *l'Astronomie bonimentale*, par Barnum.)

Italie. — La terre bénie du beau chant — lorsqu'on n'y chantait pas encore *la Milanaise*.

J

Jeune compositeur. —

Un vieillard que soutient l'espoir de débuter,
Et que mille refus ne peuvent rebuter.

Justesse. — Comme ta sœur la Justice, que de camouflets tu reçois en ce bas monde, ô Justesse !

K

Nous ne sommes donc pas aussi germanisés qu'on veut bien le dire, puisque cette lettre éminemment allemande ne fournit pas un seul mot au *Dictionnaire Musico-humoristique.*

L

Leçons. — Ils disent toujours qu'ils les *donnent*, tandis que, la plupart du temps, ils les *vendent* sans les *donner*.

Liaison. — Impossible entre des notes ou des personnes *piquées*.

Livret. — Jardin rempli de sauvageons, où le compositeur fera venir des fleurs et des fruits — s'il a des greffes.

Loge. — Petit cabinet où l'on incarcère de force à Charenton des gens que l'on croit fous, et où s'incarcèrent volontairement au théâtre des gens qui se croient raisonnables.

LOUANGE. — Dans la plupart des cas, lisez : « LOUAGE. »

LUTHIER. — Il y a partout des luthiers et nulle part des luths.

> Quel est donc ce mystère ?
>
> *Dame Blanche.*

LUTRIN. — Pupitre qui doit avoir la vie bien dure, car, depuis des siècles, il porte le plain-chant et supporte le poëme de Boileau sans rompre sous le faix.

LYRE. — L'instrument sacré des dieux et des poëtes. Chez nous il n'y a plus que les statues qui en pincent. O progrès !

M

MACHINISTE. — Il siffle, et tout change. Ah ! si le public savait l'imiter !

Maitre de chapelle. — Porte ce titre, parce que, dans sa chapelle, il est l'esclave du curé.

Majeur. Mineur. — Ces noms ont été donnés aux modes, parce que le mineur a pris naissance bien longtemps avant le majeur

Mandoline. — Une démangeaison bien étrange, qui chante lorsqu'on la gratte.

Maquillage. — Grâce à lui, les *noires* deviennent *blanches ;* mais elles ne doublent pas de valeur pour cela.

Marionnettes. — Ne sont pas, hélas ! les seuls artistes qui ne peuvent rien faire sans ficelles.

Medium. — Ce qu'il y a de plus naturel dans la voix et de plus surnaturel dans le somnambulisme.

Mélodie. — Le soleil de la musique.

Mélodrame. — Méli-mélo de drame et de musique, où il y a toujours un traître — sans compter le compositeur.

Mélopée. — La viande creuse des compositeurs qui reviennent toujours bredouille de la chasse aux mélodies.

Menuet. —Les personnes le dansaient jadis — dans les bals. — Les archets seuls le dansent aujourd'hui — dans les symphonies.

Mérite. — La plus inefficace de toutes les recommandations.

Messe sans paroles. — La seule messe en musique où l'on ne soit pas exposé à trouver des fautes de prosodie latine.

Mesure. — Une Lucrèce dont l'existence serait un suicide perpétuel si elle se poignardait chaque fois qu'on la viole.

Methodes. — Plus il y en a — au pluriel, moins il y en a — au singulier.

Métier. — L'ennemi naturel de l'art.

Mètre. — La mesure du vers. C'est pitié de voir comme certains compositeurs, bourreaux de la prosodie, ont mis un terme au mètre.

Mirliton. — Le Stradivarius de la foire de Saint-Cloud.

Mise en scène. — La crinoline des opéras maigres.

Modes. — Deux suffisent à la musique, dont pourtant les inventeurs de la mythologie ont prétendu faire une femme.

Quelle fable !

Modulation. — Une anecdote à ce sujet :

Un arrangeur, chargé d'accommoder une fantaisie pour musique militaire sur des motifs des *Huguenots*, ne pouvait coudre deux de ces motifs à cause de la disparité des tons. Il alla conter sa peine à Meyerbeer lui-même, qui lui dit tout net :

— Comment ! c'est pour musique militaire, et vous venez me demander conseil ! mettez huit mesures de roulements de tambours et rentrez dans le ton que vous voudrez.

(*Historique.*)

Motif. — Oh ! que de compositeurs n'en ont pas à donner !

Mouvement. — Ce que ne savent jamais bien prendre les chefs d'orchestre qui s'en donnent trop

Muances. — Ancienne manière de solfier, bien plus complexe que la nôtre.

Excusez du peu !

Murmures. — Dans certains cas, plus flatteurs cent fois que les applaudissements ; dans d'autres, mille fois plus humiliants que les sifflets.

Muses. — Il n'y en a que huit sur la façade de l'Opéra. La neuvième, dit-on, s'est laissé mettre dedans.

Musicien. — Devrait toujours être un artiste, et n'est bien souvent qu'un ouvrier, par la raison infiniment simple et infiniment navrante que les scieurs d'instruments sont beaucoup moins rétribués que les scieurs de pierres de taille.

Musique. — « Il y en a de deux sortes, disait un jour Rémusat, le flûtiste :

1° Celle où l'on rencontre des gendarmes,

On y est empoigné,

C'est la bonne ;

2° Celle où l'on ne rencontre pas de gendarmes,

On n'y est pas empoigné,

C'est la mauvaise! »

— Eh! eh! cette petite distinction-là vaut bien une esthétique allemande.

Musurgie. — « Art d'employer à propos les consonnances et les dissonances. »

Le mot est vieux. — La chose est morte.

N

Nasiller. — Chanter avec un rhume de cerveau à la clé.

Nationaux (airs). — Ils viennent on ne sait comment et exhalent un parfum étrange et délicieux ; — les truffes de la musique.

Naturel. — J'ai beau me casser la tête pour trouver ce qu'un *ut* sans dièse ou sans bémol peut avoir de plus *naturel* qu'un autre son, je n'en viens pas à bout.

Nocturne. — Morceau de chambre toujours à deux voix, pour faire supposer, sans doute, qu'on n'est jamais seul la nuit.

Notation. — Écriture encore bien imparfaite, que les musiciens admirent comme un chef-d'œuvre, parce qu'elle n'a pas empêché d'écrire des chefs-d'œuvre.

Les Chinois admirent aussi leur écriture inapprenable par la même raison.

NOTE. — Serrure qui n'est bonne à rien sans la *clé*.

NUANCES. — Le *fortissimo* est rangé par tous les traités dans la catégorie des *nuances*. — Vous voyez bien que c'est une *couleur*.

O

OCTAVE. — Le sexe des sons. Des hommes et des femmes qui mêlent leurs voix, chantent naturellement à l'octave, et naturellement aussi, là comme partout, la femme a toujours le dessus.

ODE-SYMPHONIE. — Impressions de voyage à grand orchestre.

ŒUVRE. — Un traînard qui ne peut jamais atteindre son chef.

ONDES SONORES. — Une douce rosée dans la vraie musique. — Dans les tapages à la mode, un déluge enrichi de tempêtes, auquel l'arche de Noé ne résisterait pas, tant elle aurait à sauver d'espèces d'animaux.

Opéra. — Drame en musique, où la partition fait souvent pièce à la pièce, et la pièce à la partition.

Opéra comique. — Genre éminemment national des Français, né de *la Serva Padrona*, de l'Italien Pergolèse.

Opérette. — La descente de la Courtille en partition.

Ophicléide. — Un bœuf chromatique.

Oppositions. — On devrait bien en faire mettre par huissier sur les appointements des chanteurs qui s'y livrent sans modération et sans goût.

Oratorio. — Sorte d'opéra religieux sans action, et dont, cependant, les Anglais sont les inépuisables actionnaires.

Oreille. — Caravansérail des sons, où viennent parfois loger des voyageurs bien incommodes.

Orchestre. — La palette du bon compositeur, — la massue du mauvais.

Organiste. — Donneur d'ondes sonores bénites.

Orgue. —

Mais qu'en sort-il souvent ?
Du vent !

La Fontaine.

Orgue de Barbarie. — Trait d'union entre la musique et la mendicité.

Originalité. — « Gardez-vous bien surtout de confondre l'eau de source et l'eau de réservoir. »

Rossini.

Orphéon. —

Orphée est son parrain, mais il n'est pas son père.

Ouverture. — On n'en fait plus pour la plupart des opéras du nouveau système, et l'on a bien raison ; car, en bonne logique, une ouverture doit toujours ouvrir sur quelque chose.

Ouvreuse de loges. — A l'opposé de madame Putiphar, elle estime profondément ceux qui lui abandonnent leur pardessus.

Ovation. — « Petit triomphe chez les Romains. »

(*Dictionnaire de Poitevin.*)

Rome n'est plus dans Rome, elle est toute *à Paris.*

(*Corneille* avec variation du *docteur Aldo.*)

P

Pantomime. — Le fin mot de l'amour.

Papier réglé. — Le seul théâtre lyrique où les partitions soient sûres de trouver l'hospitalité.

Paroles. — Les victimes des notes.

Parterre. — Autrefois le Forum où le public rendait ses arrêts en pleine liberté !

Aujourd'hui, le bagne des condamnés à la peine des applaudissements forcés.

Le siècle a marché !

Partial. — Ce qu'est infailliblement tout feuilletoniste qui vous critique.

Partie. — Les musiciens d'orchestre sont toujours disposés à prendre la leur pour le tout.

Partition. — Ouvrage où, bien souvent, le papier seul ne manque pas de portée.

Pas. — Air de danse qui, dans le *Tannhæuser,* s'était naturellement transformé en faux pas.

Passe-Partout. — Certes, ce ne sont pas les clés de la musique qui méritent ce nom-là.

PAUSE. — Silence qui, dans beaucoup de partitions, serait bien aimable s'il dépassait la mesure.

PÉDALES. — Comme certain peuple dont je veux taire le nom, elles ne sont bonnes à rien tant qu'on ne les foule pas aux pieds.

PIANISTE. — Virtuose qui, d'ordinaire, ne touche... que les touches.

PIANO. — Sorte de moulin à musique dont on n'obtient guère que du son.

PISTON. — Appendice dont on enrichit aujourd'hui les instruments de cuivre, et qu'on réservait exclusivement jadis aux seuls instruments en étain.

PIZZICATO. — Autre guitare.

PLAGIAT. — Léger forfait des compositeurs qui oublient — d'oublier

POLÉMIQUE. — Petite rencontre à armes discourtoises.

Ponts-neufs. — Passés, depuis qu'on ne sait plus trouver de mélodies, à l'état de ponts suspendus.

Portée. — Ensemble de *lignes* avec lesquelles bien des gens pêchent.

Position. — Ce à quoi toutes les notes et bien des imbéciles doivent uniquement d'être quelque chose.

Potence. — Cet instrument à une seule corde n'est employé que dans la plus finale de toutes les cadences.

Pouce. — La rallonge du doigter.

Poulailler. — Autrement dit Paradis. — Est-ce parce que les anges et les poules ont également des ailes ?

Priviléges. — Le bâillon de la musique en France.

Prix de Rome. — Piége officiel ou le principal lauréat est le premier pris.

Professeur de chant. — Il serait indiscret de demander si, à ce titre, il ne convient pas d'ajouter un — age.

Public. — Jury démissionnaire, qui a lâchement cédé ses pouvoirs à la réclame et à la claque.

Q

Quête. — La partie la plus mélodieuse d'une messe en musique, — au dire du curé.

Queue. — Ce qui allonge certains animaux et raccourcit certaines notes.

Quinte. — Consonnance dite *parfaite*, parce qu'elle produit parfois l'effet de la plus désagréable dissonance.

R

Rampe. — Luminaire un peu fumeux qui

rayonne d'en bas. Quelque chose comme le suffrage universel de l'éclairage.

Réalisme. — Imiter avec la flûte et le basson les sonorités spéciales produites par Sganarelle lorsqu'il...

Il n'y a que les mystiques pour transporter ainsi dans la musique de théâtre des effets réservés à la musique de chambre.

Réclame. — Partie du répons que l'on reprend après le verset, et article de journal, où les chantres et les rédacteurs célèbrent les louanges du Très-Haut, et celles de toutes les drogues pharmaceutiques, industrielles et artistiques, pour peu qu'elles soient argentifères.

Récitatif. — *L'écorché* de la mélodie.

Règles. — Oh! oui, elles sont très-fécondes — lorsque des hommes de génie les violent.

Relache. — Le plus beau spectacle que la plupart des théâtres puissent offrir.

Réminiscence. — L'art de démarquer le linge des compositeurs bien nippés.

Répétition. — Mais, mon cher *impresario*, l'on ne peut répéter que ce qu'on a déjà dit. Ce que vous nommez la seconde répétition est donc la première. Les Italiens nomment cela *la prova* (l'épreuve). Malheureux Italiens ! ils n'ont pas d'Académie française.

Respiration. — L'archet de la voix. Dépourvu trop souvent de beaucoup de ses crins.

Réputation. — Travail dont certains compositeurs s'occupent bien plus que de la composition.

Rhume. — La seule charte qui tempère le despotisme des directeurs à l'égard des chanteurs.

Rhythme. —Le sang qui bat dans les artères de la musique, et donne à tout le mouvement et la vie.

— Mais à ce compte, cher docteur, ceux

qui travaillent à le faire disparaître sont donc les sangsues de l'art?

— La conséquence est trop juste pour que je m'avise de la contester.

Rivalité. — Mauvais sentiment dont les artistes sont presque toujours préservés... jusqu'à l'âge de quatre ans.

Romance sans paroles. — La seule, entre toutes les romances, qui se puisse flatter qu'on ne la chantera jamais faux.

Rondes, Blanches, Noires. — Aimé Paris, critiquant un jour ces noms empruntés les uns à l'idée de forme, les autres à l'idée de couleur, pour exprimer des choses de même espèce, c'est-à-dire des divisions musicales de la durée, dit avec son plus malin sourire :

« Lorsqu'on demande :

— Combien une ronde vaut-elle de blanches?

Il me semble entendre demander :

— Combien un hexagone vaut-il de blondes? »

Routine. — La seule méthode de la plupart des écoles et des professeurs.

Rugir. — Au grand Opéra, cela se nomme, en dépit de l'histoire naturelle, avoir du *chien*, parce qu'on y possède sans doute quelque moyen occulte d'avoir du *lion*.

S

Salve. — Grand fracas de détonations ou d'applaudissements dont les artilleurs ou les claqueurs saluent, les uns les monarques, les autres les cabotins.

Sarabande. — Danse grave à trois temps et qui, depuis bien des siècles, a fait le sien.

Scherzo, mot à mot *badinage*. — Avec solo de dix contre-basses à l'unisson, dans la symphonie en *ut* mineur de Beethoven.

Science. — Oh! la belle chose — tant qu'elle ne se laisse pas apercevoir!

Sensible. — Ainsi nommée parce qu'elle ne peut vivre sans tonique.

Sérénade. — Telégraphe mélodique, dont les dépêches doivent être déchiffrées par le cœur.

Serinage. — Seule méthode de musique des serins avec ou sans plumes.

Sifflet. — Le grand justicier du charlatanisme et du cabotinisme. Aussi l'a-t-on fait presque entièrement disparaître.

Dame! c'était une liberté.

Solféges. — Recueils de migraines, très-utiles aux personnes désireuses de ne jamais savoir de leur vie ni l'intonation ni la mesure.

Sonorité. — Eh! donnez-leur-en donc à tire-larigot, puisqu'ils ne demandent que du son.

Sons harmoniques. — Jouer de la flûte — sur le violon.

Soprano. — Dessus. — Ah! que n'est-ce toujours celui du panier !

~~~~

Souffleur. — De tous les artistes d'un théâtre, le seul qui sache imperturbablement ses rôles et le seul qui soit modeste.

~~~~

Soupir. — Les musiciens ne parviendront jamais à faire croire aux négriers qu'un *soupir* vaut une *noire*.

~~~~

Sourd. — En bien des cas, le plus favorisé des dilettantes.

~~~~

Sourdine. — Le clair de lune de la sonorité.

~~~~

Sphinx. — L'ancêtre des musiciens de l'*avenir*.

~~~~

Stentor. — L'idéal des ténors légers.

~~~~

Subvention. — Moyen fort peu économique d'encourager la paresse des directeurs.

~~~~

Succès. — Mât de cocagne enduit de suif

où l'on grimpe d'autant mieux que l'on craint moins de se salir.

SYMPHONIE. — Kaléidoscope sonore, où les mêmes éléments, diversement combinés, produisent des figures nouvelles à chaque tour.

SYNCOPE. — Il y a des musicastres qui la font de manière à m'y faire tomber.

SYSTÈMES. — Le faux nez des faux génies.

T

TABATIÈRES A MUSIQUE. — Sans elles, combien de petits airs ne parviendraient jamais à se faire priser.

TALENT. — Chez les anciens, c'était un certain poids d'or ou d'argent.

Chez nous, c'est la fausse monnaie du génie.

TAMBOUR. — Peau d'âne qui *résonne* pour empêcher de *raisonner*.

TAMTAM. — La casserole du fantastique.

TAPAGE. — Cache-misère des déshérités de la mélodie.

TEMPS. — Pour les musiciens, c'est une partie de la mesure.

Pour les philosophes, toute mesure est une partie du temps.

Que ces messieurs tâchent de s'entendre.

TÉNOR. — 100,000 francs d'appointements, compensés par les valeurs dont suit le bordereau.

Cris	11,387	75
Fausses notes	8,229	40
Fautes de mesure	9,428	95
Contre-sens	10,825	50
Contorsions et grimaces	5,217	35
Rhythme	2	15
Accent	1	85
A reporter. .	45,092	95

Report. . .	45,092 95
Expression.	95
Justesse.	2 25
Talent.	1 50
Prétentions pour solde.	54,902 35
Somme égale pour balance. . .	100,000 00

Théatre-Lyrique (1869). — Prouve l'impuissance relative des chemins de fer, car ceux-ci n'ont fait que rapprocher la province de Paris, tandis que l'autre l'y incorpore.

Thème. — Ce qui procure bien des variations aux compositeurs et bien des pensums aux écoliers.

Timbales. — Les marmites du rhythme.

Timbre. — Ah! si les voix en avaient autant que les journaux!

Ton. — Le Protée des monosyllabes. Jugez-en :

Ton. — *Intervalle de seconde majeure* (un ton, un demi-ton);

Ton. — *Gamme* (ton de *ré*, ton de *fa*);

Ton. — *Mode* (tons majeurs, tons mineurs);

Ton. — *Le diapason* (prendre le ton);

Ton. — *Échelle du plain-chant* (les tons authentiques, les tons plagaux);

Ton. — *Tube de rechange du cor et de la trompette;*

Ton. — *Air consacré de la vénerie* (les tons de chasse).

Tonton, tonton,
Tontaine, tonton.

Tirez-vous de tous ces tons-là, si vous pouvez!

O richesse de notre langue!

TRANSPOSITION. — La tonalité qui change d'étage. Avoir bien soin de remettre chaque meuble à sa place.

TRÉMOLO. — Sur les instruments, c'est la poussière du son. Dans le chant, c'est l'agonie de la voix.

TRIOLET. — Édifiant petit ménage rhythmique. *Trois au lieu de deux,*

TROMBONE. — Un courtisan, qui tient une place d'autant plus considérable, qu'il fait des choses plus basses.

TROMPETTE. — De tous les instruments, le plus fécond en fausses notes. Aussi a-t-il été choisi par la Renommée...

TYMPAN. — Membrane à l'extrémité intérieure de l'oreille, dont le nom est devenu, par le fait des mauvais musiciens, la racine du verbe *tympaniser*.

U

UT. —

Ut, remplacé par *do* pour cause d'euphonie,
Fait bien voir d'un doux nom l'attrait et la magie.

V

VALSE. — Le champagne des danses.

VIOLONISTE. — « Un individu qui promène une queue de cheval sur des cordes à boyaux. »

CASTIL-BLAZE.

VOIX. — Le seul instrument donné par le bon Dieu; traité de telle sorte, par certains compositeurs, qu'il finit par ne plus valoir le diable.

FIN.

3985 — Typ. Morris père et fils, rue Amelot, 64.

www.ingramcontent.com/pod-product-compliance
Ingram Content Group UK Ltd.
Pitfield, Milton Keynes, MK11 3LW, UK
UKHW012254240726
13966UKWH00004B/1412

9 782013 051026